De compras por la ciudad

Operaciones de

Sara A. Johnson

Créditos

Dona Herweck Rice, *Gerente de redacción*; Lee Aucoin, *Directora creativa*; Don Tran, *Gerente de diseño y producción*; Sara Johnson, *Editora superior*; Evelyn Garcia, *Editora asociada*; Neri Garcia, *Composición*; Stephanie Reid, *Investigadora de fotos*; Rachelle Cracchiolo, *M.A.Ed., Editora comercial*

Créditos de las imágenes

Teacher Created Materials

5301 Oceanus Drive
Huntington Beach, CA 92649-1030
http://www.tcmpub.com

ISBN 978-1-4333-2725-4
©2011 Teacher Created Materials, Inc.
Printed in China

Tabla de contenido

Un recorrido por la ciudad

A muchas personas les gusta ir de compras en la **ciudad**.

Las tiendas están muy cercas. Esto les ayuda a las personas a llegar a lugares rápidamente.

Hay muchas maneras de recorrer la ciudad para hacer compras. A algunas personas les gusta caminar.

Otros toman un taxi o un autobús.
Esto cuesta dinero.

Exploremos las matemáticas

Lin tenía $10.00. Gastó $5.00 en un taxi. ¿Cuánto dinero le queda?

Algunas personas hasta andan en bicicletas. ¡Es buen ejercicio!

Las tiendas de la ciudad

Hay muchos tipos de tiendas en la ciudad. Tienen cosas que las personas pueden **comprar**.

Algunas tiendas tienen ropa. Hay ropa para hombres y mujeres. También hay ropa para niños.

Otras tiendas **venden** zapatos. Las personas necesitan buenos zapatos si caminan mucho por la ciudad.

Exploremos las matemáticas

La tienda Zapatos Geniales tenía 14 pares de tenis a la venta. La tienda vendió 8 pares de tenis. ¿Cuántos pares de tenis quedaron a la venta?

También hay tiendas que venden libros. Algunas librerías venden libros nuevos. Otras venden libros usados.

Otras tiendas venden arte.
A muchas personas les gusta ver lo
que tienen estas tiendas.

Es importante saber **restar** cuando se compra en una tienda. Necesitas asegurarte de que el **vendedor** te dé el **cambio** correcto.

Exploremos las matemáticas

Jun tiene $12.00. Compra un libro que cuesta $4.00. El vendedor le devuelve $8.00. ¿Le dio el cambio correcto? ¿Cómo lo sabes?

Los dueños de las tiendas también usan la resta. Primero cuentan el número de artículos que tienen a la venta.

También llevan la cuenta de cuánto venden. Entonces restan para saber cuántas cosas les quedan en la tienda cada día.

El dueño de esta tienda tenía 8 camisetas rojas. Al final del día, había vendido 3. Esto significa que quedan 5 camisetas rojas en la tienda.

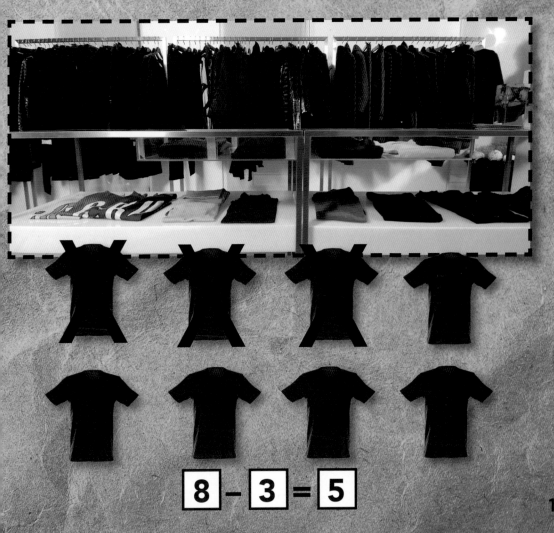

$$8 - 3 = 5$$

Puestos callejeros

Otras tiendas se encuentran afuera.
Están en las aceras o en las calles.

En estas tiendas se vende toda clase de objetos.

Algunas tiendas venden periódicos.
Algunas venden revistas. También
venden refrigerios.

Compremos alimentos

En la ciudad también hay mercados al aire libre.

Exploremos las matemáticas

Omar tiene $15.00. Compra una revista y un plátano. Gasta $6.00. ¿Cuánto dinero le sobra?

La gente puede comprar fruta.
Pueden comprar vegetales. La gente
puede comprar carne.

En este puesto se venden atados de zanahorias. La vendedora trajo 10 atados al mercado. Vendió 8. Eso significa que le quedaron 2 atados de zanahorias al cerrar el mercado.

10 − 8 = 2

También hay muchos lugares para comer en la ciudad.

En algunos de estos sitios, las personas pueden sentarse para comer.

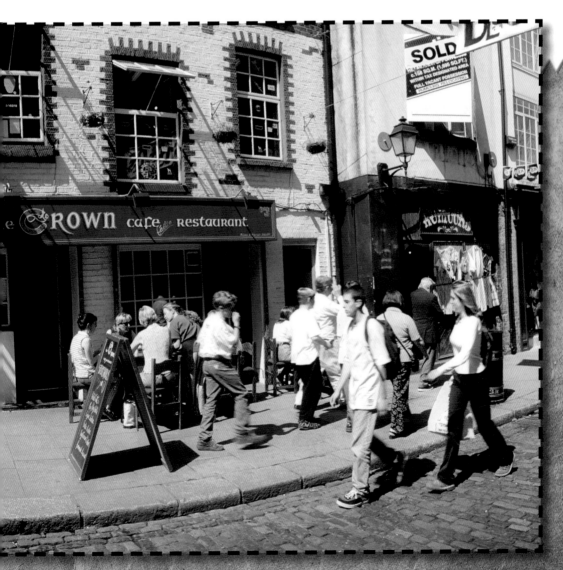

Otros lugares venden comida en un carrito. No tienen un lugar para sentarse. Puedes comprar perros calientes, tacos y mucho más.

Exploremos las matemáticas

Una vendedora tiene 18 perros calientes. Vende 9 durante el almuerzo. ¿Cuántos le quedan?

Es divertido salir de compras por la ciudad. Pero si gastas demasiado, ¡puedes quedarte sin dinero!

Compremos juguetes

Cole estuvo ahorrando su mesada. Quiere comprarle un regalo a su hermana. También quiere comprarse algo a sí mismo. Tiene $15.00. Compra una cuerda de saltar para su hermana. Le cuesta $4.00. Después se compra tarjetas de colección. Cuestan $3.00. ¿Cuánto dinero le sobra?

¡Resuélvelo!

Sigue estos pasos para resolver el problema.

Paso 1: Resta el valor de la cuerda de saltar de la cantidad de dinero que tiene Cole.

Paso 2: Escribe el número.

Paso 3: Resta el costo de las tarjetas de colección de la nueva cantidad de dinero. Este valor es el dinero que le quedó a Cole después de comprar las dos cosas.

$3.00

Glosario

cambio—el dinero que te devuelven después de pagar por un artículo

ciudad—pueblo concurrido donde viven y trabajan muchas personas

comprar—pagar dinero para obtener un objeto a cambio

restar—hallar la diferencia entre 2 números

vendedor—persona que vende en una tienda

venden—entregar un objeto a cambio de dinero

Índice

Exploremos las matemáticas

Página 7:
A Lin le sobraron $5.00.

Página 11:
Quedaron 6 pares de tenis a la venta.

Página 14:
Sí, porque $12.00 − $4.00 = $8.00.

Página 21:
A Omar le sobran $9.00.

Página 26:
Le quedan 9 perros calientes.

Resuelve el problema

$15.00 − $4.00 = $11.00
$11.00 − $3.00 = $8.00
A Cole le sobran $8.00.